AF262392

27 n
132

NOTICE

SUR LES

TRAVAUX SCIENTIFIQUES

ET LES

SERVICES

DU

CAPITAINE DE VAISSEAU

S. BOURGOIS

COMMANDEUR DE LA LÉGION D'HONNEUR.

———————•———————

PARIS

IMPRIMÉ PAR E. THUNOT ET Cᵉ,

RUE RACINE, 26.

—

1866

SOMMAIRE DES TRAVAUX ET TITRES SCIENTIFIQUES.

Expériences sur l'hélice. — Mémoire présenté à l'Académie et jugé digne d'être imprimé dans le *Recueil des savants étrangers* (13 octobre 1845).

Mission en Angleterre, relative à l'étude des applications de l'hélice (1846).

Expériences du *Pélican* sur l'hélice. — Mémoire présenté à l'Académie et objet d'un rapport favorable (13 mars 1850). — Ce mémoire, inséré dans le *Mémorial du génie maritime*, est traduit en anglais par M. BOURNE.

Considérations sur l'application de l'hélice à la marine militaire. — Mémoire publié en 1850.

Prix de perfectionnement de la navigation à vapeur, décerné par l'Académie des sciences à MM. DUPUY DE LÔME, MOLL et BOURGOIS (30 janvier 1854).

Mission en Angleterre, relative à l'organisation des services transatlantiques. — Mémoire sur cette mission présenté à l'Académie, objet d'un rapport favorable (26 juin 1854) et publié *in extenso*.

Concession d'une médaille d'argent de première classe, par le jury de l'Exposition universelle de 1855, en récompense de progrès réalisés dans l'art naval.

Mémoire sur la résistance de l'eau au mouvement des corps, et particulièrement des bâtiments de mer. (Offert à l'Académie le 18 janvier 1858.)

Mémoire sur la navigation sous-marine. (Inédit.)

Expériences sur l'emploi de l'air comprimé comme moteur, conjointement avec M. TRESCA. — Mémoire inséré dans le *Mémorial du génie maritime*.

Renseignements nautiques recueillis pendant les voyages du *Duperré* et de *la Forte*. (Notice imprimée, offerte à l'Académie le 6 avril 1863.)

Réfutation du système des vents, de M. MAURY. (Ouvrage imprimé, offert à l'Académie par le Ministre de la marine le 27 juillet 1863.)

Expériences sous-marines du *Plongeur*.

Travaux de la Commission des Cuirassés en 1863.

Études sur les bâtiments cuirassés dans l'escadre d'évolutions en 1865.

NOTICE

SUR

LES TRAVAUX SCIENTIFIQUES ET LES SERVICES

DU CAPITAINE DE VAISSEAU

S. BOURGOIS

A L'APPUI DE SA CANDIDATURE A L'ACADÉMIE DES SCIENCES

(SECTION DE GÉOGRAPHIE ET DE NAVIGATION).

—••◦⦂◦⦂◦◦——

Dans une première notice, rédigée à l'occasion de mes précédentes candidatures, j'avais cru devoir garder le silence sur ma carrière militaire et me borner à rappeler sommairement mes travaux et les jugements favorables dont ils avaient été l'objet dans le sein de l'Académie.

Mais quelques amis ont pensé que mes navigations et mes services n'étaient pas indignes de fixer aussi son attention et justifieraient mieux encore, si je les faisais connaître, mon désir d'être admis dans la section de géographie et de navigation.

Je défère à leurs conseils en publiant cette seconde notice et en livrant ainsi à l'examen toute ma carrière militaire et scientifique, avec d'autant plus de confiance qu'elle n'a pas cessé un instant d'être remplie et guidée par l'amour de la science et du pays.

Un cercle d'honneur obtenu à ma sortie de l'École navale et un goût naturel pour les observations astronomiques semblaient d'abord me pousser vers l'hydrographie. Aussi, dès le grade d'élève, après la campagne de Lisbonne sur *la Melpomène* et la rude croisière d'hiver du blocus d'Anvers en 1832, j'étais chargé des montres marines à bord du brick *le d'Assas*, pendant trois ans de campagnes successives au Sénégal, à Terre-Neuve, à New-York et sur toute la côte de l'Amérique du Sud, depuis l'Amazone jusqu'au Pérou.

Enseigne de vaisseau en 1836, je continuais ces mêmes fonctions à bord de la frégate *la Flore*, dans la mer du Sud, et du brick *la Surprise*, dans la Méditerranée et le Levant.

Mais les circonstances ne m'ont jamais favorisé au point de me permettre de prendre part à une campagne purement scientifique.

Je ne saurais, en effet, donner ce nom à l'exploration archéologique de l'Archipel, faite en 1838 à bord de *la Surprise*, par M. Raoul Rochette, et signalée par l'enlèvement des marbres d'Assos. A peine était-elle terminée que la guerre, déclarée au Mexique, nécessitait l'envoi de *la Surprise* sur les côtes d'Espagne et de Portugal, pour y protéger le commerce français contre toute tentative de piraterie.

Bientôt, le Levant devenant le théâtre de graves événements politiques, j'y retournai sur *le Montebello* que montait le contre-amiral de Lassuse et qui allait renforcer l'escadre commandée par l'illustre amiral Lalande. Après avoir longtemps montré son pavillon en présence de forces anglaises supérieures en nombre et qu'elle s'apprêtait cependant à combattre, l'escadre française, obéissant à regret à d'impérieuses nécessités politiques revint, en France attendre l'issue des événements. Plus tard, en 1841, lorsque le contre-amiral de Lassuse arbora son pavillon sur *l'Inflexible*, je le suivis dans le Levant, où il allait commander. Mais toutes les chances de lutte avaient disparu, et mes pensées commencèrent alors à se diriger vers l'étude des moteurs nouveaux qui semblaient appelés à modifier profondément le matériel naval et l'art de la guerre maritime.

Second de la corvette *l'Expéditive*, après avoir terminé ma campagne du Levant sur *l'Inflexible*, je me rendais, en 1843, de Toulon au Havre, lorsque j'observai pour la première fois un fait assez intéressant pour la *Théorie du navire*. Je remarquai, en multipliant des mesures de durée moyenne des oscillations de roulis de la corvette, que cette durée moyenne, que je trouvai de $4^s,3$, était sensiblement indépendante de l'état de la mer et de la grosseur des lames. J'ai eu fréquemment, depuis cette époque, l'occasion d'observer le même fait, qui a été constaté particulièrement pendant la campagne d'essai des *cuirassés*.

Mais les premiers travaux que j'ai publiés datent seulement de l'année 1844, lorsque, encore enseigne de vaisseau, après treize années de laborieuses campagnes dans la plupart des mers du globe, j'étais second du bâtiment à vapeur *l'Ardent*, dont la machine se montait à l'usine d'Indret.

Un nouveau propulseur venait d'être inventé. Il ne comptait encore qu'un petit nombre d'applications. La théorie de l'hélice était à faire. J'entrepris de recueillir des matériaux pour cette tâche, en exécutant une série d'expériences sur une petite échelle, à l'aide des ressources de l'usine d'Indret et de mon propre bâtiment.

Les résultats et la discussion de ces expériences furent consignés dans un mémoire ayant pour titre : *Recherches théoriques et expérimentales sur les propulseurs hélicoïdes.* Présenté à l'Institut et soumis à l'examen d'une commission, composée de MM. Arago, Dupin et Poncelet rapporteur, ce mémoire fut jugé digne de paraître dans le *Recueil des savants étrangers.* Il renfermait sur la propulsion par l'hélice quelques idées nouvelles alors et tombées depuis dans le domaine public.

Ainsi, tandis qu'à cette époque les inventeurs paraissaient exclusivement occupés de trouver un propulseur doué, par sa forme, d'une supériorité absolue sur tous les autres, je cherchais à établir la nécessité de faire varier les proportions de l'hélice propulsive suivant le rapport de la résistance du navire au diamètre ou plutôt au carré du diamètre de l'hélice (1).

Je cherchais aussi à donner des règles pour calculer les proportions des hélices en vue de réaliser le maximum d'utilisation du travail moteur et d'obtenir l'allure voulue de la machine. Enfin je signalais, le premier, le fait intéressant de la diminution du coefficient de résistance des bâtiments à mesure qu'augmentent leurs dimensions, fait dont je crois avoir montré plus tard la véritable cause dans la dénivellation de l'eau à la proue et à la poupe.

Pour les bâtiments d'un grand tirant d'eau, je préconisais la forme d'hélice en *ailes de moulin*, c'est-à-dire à branches rectangulaires,

---

(1) Ce dernier rapport de la résistance de la carène au carré du diamètre de l'hélice, auquel nous avons donné le nom de *résistance relative,* dans notre programme des expériences du *Pélican,* sert fréquemment à étendre à des navires de toutes grandeurs les résultats d'expériences faites sur un bâtiment déterminé.

longues et étroites, ayant une fraction de pas qui, très-faible à l'extrémité du rayon, croissait graduellement de la circonférence au centre pour augmenter la solidité. Cette forme est celle adoptée aujourd'hui pour les hélices des constructions françaises les plus récentes, comme les frégates cuirassées. Mais des idées opposées dominaient alors, et l'on attachait au contraire un certain avantage à évider fortement les hélices au centre, ce qui altérait leur solidité sans augmenter l'effet utile.

On me pardonnera sans doute d'avoir cherché à justifier l'approbation flatteuse donnée par l'Académie à mes premiers travaux. Là ne s'était pas borné cependant son bienveillant appui : elle avait aussi émis le vœu qu'un bâtiment de plus grande dimension me fût confié, pour continuer les mêmes expériences sur une plus grande échelle et avec des moyens plus puissants et plus perfectionnés.

Déférant à ce vœu, M. de Mackau, alors ministre de la marine, ordonna la construction du *Pélican*, aviso de 120 chevaux, à hélice et en fer. M. Brun, ingénieur de la marine, fut chargé de tracer les plans du bâtiment et désigné en même temps pour mon collaborateur dans l'exécution des expériences ; mais appelé bientôt à servir dans un autre port, il ne put que concourir à la rédaction de leur programme, et fut remplacé par M. Moll, sous-directeur de l'usine d'Indret, où *le Pélican* allait être construit.

Je venais d'être nommé lieutenant de vaisseau, et afin de mettre à profit le temps nécessaire pour l'achèvement de cet aviso, j'avais obtenu la mission d'aller étudier en Angleterre les progrès de l'application de l'hélice. A mon retour, au commencement de l'année 1846, je signalai, dans un rapport qui n'a pas été publié, la transformation des premiers garde-côtes anglais à hélice, *Ajax*, *Blenheim*, *Hoque* et *Edinburgh*, ainsi que la naissance du cabotage mixte, à voiles et à hélice, sur les côtes du Royaume-Uni.

Enfin, en mai 1847, *le Pélican* était lancé et j'en prenais le commandement pour commencer, au bas de la Loire, entre Paimbœuf et Saint-Nazaire, les expériences qui avaient été le but de sa construction.

Appelé à Paris en février 1848, pour rendre compte des premiers résultats obtenus qui fixaient déjà l'attention, je trouvai pour ministre de la marine le savant illustre qui avait accueilli avec bonté mes premiers débuts dans la science. Je saisis l'occasion qu'il m'offrait de payer la dette de ma reconnaissance en passant auprès de lui, en qualité d'aide de camp, les plus mauvais jours de cette époque.

Interrompues ainsi pendant quelques mois, les expériences du *Pélican* furent reprises en juillet 1848 et continuées avec activité cette année et la suivante.

De concert avec M. Moll, j'en calculai et discutai les résultats dans un long mémoire soumis en 1849 au jugement d'une commission de l'Institut, et imprimé *in extenso* par l'auteur anglais Bourne, dans son ouvrage sur l'hélice, traduit en français par M. le vice-amiral Pâris.

Sauf la question des reculs négatifs de l'hélice dont la réalité, en certains cas, ne pouvait plus être niée, les conclusions de ce nouveau mémoire corroboraient presque entièrement celles du premier.

Les avantages de l'augmentation du diamètre et de la réduction de la fraction de pas au bord extérieur, par exemple, y étaient prouvés jusqu'à l'évidence.

En outre, des séries de courbes, tracées avec soin, à l'aide des nombreuses données recueillies, permettaient de suivre les variations apportées aux coefficients de recul, de rotation et d'utilisation de l'hélice, par les variations correspondantes de ses dimensions et de ses proportions.

Bien que, depuis cette époque, on ait fait de nouvelles expériences sur ce propulseur avec des moyens plus perfectionnés, les résultats obtenus à bord du *Pélican* n'ont pas cessé d'être employés dans le calcul des proportions des hélices. M. l'ingénieur de Fréminville, dans son excellent cours pratique de machines, professé à l'École d'application du génie maritime, a bien voulu rendre justice à nos travaux en reconnaissant que *les expériences du* Pélican *ont incontestablement apporté de grandes lumières à la question des hélices et ont puissamment contribué à réduire les essais toujours fort pénibles que l'on était obligé d'effectuer antérieurement sans aucun guide certain* (p. 420).

Plusieurs opérations de remorque, entre autres celle du vaisseau à trois ponts *le Valmy*, auquel les 120 chevaux du *Pélican* imprimèrent la vitesse inespérée de quatre nœuds et demi, m'avaient fourni, pendant l'anné 1849, l'occasion de recueillir des données nouvelles sur la question obscure encore de la résistance des carènes des bâtiments de mer. Ces données, complétées depuis, m'ont permis de publier dans la suite un mémoire dont il sera question plus loin.

Deux récompenses également flatteuses m'attendaient à la fin de cette campagne d'expérience et de mon commandement du *Pélican*.

Le 15 mai 1850, M. le général Morin lisait à l'Académie, au nom d'une commission dont il faisait partie avec MM. Arago, Dupin, Poncelet et Duperrey, un rapport approbateur de notre mémoire et de nos expériences. En même temps M. l'amiral Desfossés, alors ministre de la marine, qui avait goûté ma proposition de transformer nos anciens vaisseaux à voiles par l'application de petites machines à hélice (1), m'appelait, simple lieutenant de vaisseau, à l'honneur de siéger comme membre adjoint au Conseil des travaux de la marine.

La lutte était vive alors entre les partisans et les adversaires du puits à démonter les hélices, inventé par M. le contre-amiral Labrousse. J'y pris part en publiant dans les *Nouvelles annales maritimes* un mémoire ayant pour titre : *Considérations sur l'application de l'hélice*, et dans lequel j'indiquais, au lieu d'une solution unique de la question, des solutions diverses suivant les spécialités des bâtiments et les missions qu'ils avaient à remplir Adversaire du puits pour les bâtiments à vapeur rapides et peu mâtés, j'en préconisais au contraire l'emploi pour les bâtiments mixtes destinés à faire de longues campagnes; mais j'insistais sur la possibilité d'employer avec avantage, sur ces derniers bâtiments, des hélices à deux ailes longues et droites (ailes de moulin), qu'il suffisait de placer dans une position verticale pour faire disparaître à peu près complétement leur résistance à la marche. C'était le moyen de réduire singulièrement la largeur des puits, exagérée à leur origine, au détriment de la solidité des arrières, et de borner aux seuls cas des réparations et des visites l'opération pénible et délicate de hisser ou d'amener l'hélice, pour passer de la vapeur à la voile, et réciproquement.

Il a suffi à M. l'ingénieur Mangin de placer l'une devant l'autre, par une idée ingénieuse, deux hélices de cette sorte, pour faire entrer complétement cette solution dans le domaine de la pratique.

---

(1) Ce mode de transformation, qui avait l'avantage de conserver aux bâtiments leurs approvisionnements et leurs qualités de voiliers, a été réalisé avec succès par M. Dupuy de Lôme sur *le Montebello*. Il ne répondait d'ailleurs qu'aux besoins temporaires d'une prompte transformation de la flotte.

A la fin de l'année 1851, le vice-amiral de Lassuse, qui présidait le Conseil des travaux, fut appelé au commandement de l'escadre de la Méditerranée. Le moment était venu pour moi de prendre la mer, et je ne pouvais trouver une meilleure occasion de le faire qu'en acceptant auprès de cet habile officier général les fonctions de Chef d'état-major intérimaire qu'il voulut bien m'offrir.

C'était la dernière escadre française uniquement composée de vaisseaux à voiles. Seulement de bonnes frégates à vapeur, hardiment manœuvrées, comme les vaisseaux, prêtaient au besoin à ceux-ci le précieux secours de leurs machines. Trois années plus tard cette escadre devait marquer glorieusement la fin de sa carrière par le brillant combat de Sébastopol.

Nommé capitaine de frégate à la fin de l'année 1852, peu de temps après avoir résigné mes fonctions intérimaires sur l'escadre, je reçus bientôt du ministre de la marine, M. Ducos, la mission d'aller étudier en Angleterre l'organisation des services de navigation postale transatlantique qui prenaient dans ce pays une grande extension.

La création de services semblables en France préoccupait vivement alors le Gouvernement et le public ; mais les véritables conditions de prospérité de ces entreprises continuaient à être le sujet de nombreuses controverses.

Malgré l'expérience acquise en 1840 par la construction de frégates à vapeur qui, excellentes pour les transports militaires, s'étaient montrées de médiocres paquebots, on cherchait encore à réunir, dans les mêmes types, les conditions de résistance au boulet essentielles pour les navires de guerre, avec la rapidité de marche qui fait le mérite des paquebots. Dans cet ordre d'idées, l'emploi du fer devait être nécessairement proscrit.

D'autres esprits, exagérant les avantages des grandes dimensions, n'admettaient le succès de nos paquebots qu'à la condition de leur donner des tonnages si considérables qu'il eût fallu d'abord creuser nos ports de commerce pour les recevoir.

Les faits dont je fus témoin en Angleterre, et que je signalai dans mes rapports, me permirent de combattre cette double erreur, non sans quelque succès, car le Conseil des travaux de la marine adopta mes conclusions et mes vues. L'expérience en a confirmé la justesse. L'emploi du fer a prévalu dans la construction de nos pa-

quebots, comme cela était arrivé déjà en Angleterre, et leurs tirants
d'eau limités ne les ont pas empêchés de soutenir honorablement la
lutte avec leurs rivaux.

Le mémoire qui rendait compte de ma mission en Angleterre en
1853, a été soumis au jugement d'une Commission de l'Académie,
composée de MM. Poncelet, Duperrey et baron Ch. Dupin rapporteur (1). Il a été l'objet de conclusions flatteuses insérées dans le
compte rendu de la séance du 26 juin 1854, et adoptées par l'Académie qui venait précédemment, dans sa séance du 30 janvier de la
même année, de m'accorder un témoignage plus précieux encore
d'estime et de sympathie. Sur la proposition d'une Commission composée de MM. Combes, Duperrey, Piobert, Regnault et baron Ch. Dupin, rapporteur, elle m'avait décerné l'honneur de partager, avec
MM. Dupuy de Lôme et Moll, le prix extraordinaire sur l'application
de la vapeur à la navigation.

Cette récompense éminente est un titre trop sérieux aux suffrages
de l'Académie pour que je m'abstienne de reproduire ici les conclusions du rapport qui l'a provoquée :

« Par les efforts réunis de MM. Dupuy de Lôme, Moll et Bourgois,
la marine militaire française a fait un grand pas vers le perfectionnement. Il y a dix ans, elle ne comptait pas encore parmi les marines
qui réussissaient à combiner la vapeur avec l'hélice; à présent, elle
présente le vaisseau à grande vitesse qui réunit le plus de qualités
dans le nouveau système, et l'utilisation de la vapeur la plus consi-
dérable qu'on ait encore obtenue.

« Le but du prix proposé en 1834 se trouve donc aujourd'hui complétement atteint. Ce but est marqué par un accroissement notable
de la puissance relative de notre force navale : le progrès est obtenu
par une heureuse combinaison de l'expérience et de la science. »

L'année suivante, la Commission de l'Exposition universelle ajou-
tait son suffrage à celui de l'Académie des sciences en me décernant
une médaille de 1re classe, et rendait ainsi témoignage à la part que
j'avais prise aux progrès de l'art naval, pendant les années écoulées
depuis l'invention de l'hélice.

---

(1) Ce mémoire, qui forme un volume in-4° de 270 pages, a été édité par M. Arthus-
Bertrand.

Lorsque l'Académie donnait son approbation à mon dernier mémoire, la guerre à la Russie venait d'être déclarée et l'escadre de la Méditerranée avait franchi les Dardanelles. Une seconde escadre destinée à opérer dans la Baltique s'était formée sous le commandement de l'amiral de Parseval-Deschênes, et j'avais obtenu la faveur d'y servir comme second à bord du vaisseau *le Duperré*, commandé par un de nos meilleurs capitaines, M. E. Pénaud. Avant-garde de l'escadre française, ce vaisseau auquel ma destinée allait me lier pour longtemps et que plus tard je devais conduire au fond du golfe de *Pe-tche-li*, la précéda dans la rade intérieure de Bomarsund pour y préparer le débarquement du corps expéditionnaire. Il était en première ligne les 15 et 16 août et contribua efficacement par le feu précis et continu de sa batterie de 36 à la reddition de la place.

Bomarsund pris, la campagne de 1854 dans la Baltique était terminée. Celle de l'année suivante, signalée par le bombardement de Sweaborg, ne devait employer que des bâtiments à vapeur. L'escadre de l'amiral de Parseval fut dissoute et les vaisseaux à voiles qui la composaient reçurent l'ordre de se rendre dans la Méditerranée pour y concourir au ravitaillement de l'armée de Crimée par de continuels voyages entre Toulon et Kamiech.

Moins brillant, ce service de transport n'était pas moins utile. Des efforts de dévouement, joints à la responsabilité d'une navigation active et parfois périlleuse, pouvaient l'élever à la hauteur de services militaires plus remarqués.

J'acceptai donc sans trop de regrets, à mon arrivée à Toulon, le commandement du *Duperré* qui me fut confié, et je n'eus pas à m'en repentir, car il me valut d'honorables témoignages des amiraux Dubourdieu, Bruat et Trehouart et, deux ans après la paix, le grade de capitaine de vaisseau.

Je crois inutile d'appeler l'attention de l'Académie sur les renseignements hydrographiques que mes fréquents voyages dans l'Archipel et la mer de Marmara m'ont permis d'adresser au ministre. *Le Duperré* ne suivait pas toujours les sentiers battus; il lui est arrivé parfois de glaner sur sa route d'utiles indications pour la correction des cartes de ces mers, et il a déterminé entre autres la position jusqu'alors douteuse d'une roche située sur la côte de Turquie d'Europe dans le voisinage d'Héraclée. Mais ce sont là des devoirs ordinaires de la profession maritime, et leur accomplissement seul ne saurait être un titre aux suffrages de l'Académie.

Revenu à Paris, après la paix et le désarmement de mon vaisseau, j'y fus appelé à coopérer à la refonte du règlement sur le matériel d'armement des navires. J'employai les rares loisirs que me laissait cette laborieuse tâche à réunir sur la résistance de l'eau au mouvement des corps flottants ou plongés, tous les documents que pouvaient fournir les anciens auteurs, mes propres expériences sur *le Pélican*, et celles que j'avais pu faire en dernier lieu sur *le Duperré*.

Ces documents me servirent à la rédaction d'un long mémoire imprimé, présenté par M. le général Poncelet à l'Académie des sciences dans sa séance du 18 janvier 1858, et dont les principales conclusions sont reproduites en ces termes dans son compte rendu :

« Je crois avoir démontré que la dénivellation à l'avant et la dépression à l'arrière des corps flottants sont les causes qui modifient, mais seulement en apparence, les lois anciennement admises de la proportionnalité de la résistance à l'étendue des surfaces résistantes et au carré de la vitesse, lois dont les expériences de Beaufoy montrent l'exactitude pour les corps plongés. Ces causes suffisent pour expliquer certaines anomalies observées dans ces derniers temps, telles, par exemple, que l'accroissement de la résistance des corps flottants, dans une proportion plus rapide que le carré de la vitesse et d'autant plus élevée que le corps est plus plus petit par rapport à la vitesse ; telles aussi que l'infériorité de valeur du coefficient de résistance des bâtiments de grandes dimensions, par rapport à celui des petits navires semblables, à vitesses égales.

« Le rôle particulier du tirant d'eau des bâtiments, et son influence sur la variation de la résistance en fonction de la vitesse, sont mis aussi en évidence dans ce mémoire, qui renferme enfin les résultats d'une expérience directe sur la résistance du vaisseau *le Duperré*, résistance dont le coefficient a été trouvé de 3 kilogrammes seulement pour 1 mètre de vitesse par seconde, c'est-à-dire beaucoup plus faible qu'on ne l'avait admis pendant longtemps pour les vaisseaux de ligne. »

Peu de temps après ma nomination au grade de capitaine de vaisseau, arrivée en août 1858, j'avais été pour la seconde fois appelé au Conseil des travaux de la marine. Pénétré de l'impuissance dont les batteries de terre, avec leur artillerie actuelle, étaient frappées depuis le cuirassement des navires, je sentais vivement la nécessité de recourir à des engins de guerre d'une nature spéciale pour préserver, si la paix était rompue, nos rades et nos ports d'audacieuses attaques.

Il me semblait que la navigation sous-marine, objet au commencement de ce siècle d'infructueuses tentatives et qui avait fixé un instant l'attention de Fulton, pouvait, avec les ressources nouvelles créées par les progrès de la métallurgie et de la mécanique, fournir des moyens de destruction capables d'assurer ce précieux résultat.

Ainsi l'air comprimé, employé déjà pour produire les mouvements d'ascension et de descente, pouvait, emmagasiné à une forte pression, donner aussi la faculté de locomotion horizontale obtenue seulement à un faible degré, à l'aide de bras d'hommes, dans les essais antérieurs.

Prenant le chiffre de 12 atmosphères de pression pour base de mes calculs, je trouvais qu'un bâtiment du poids de 350 tonneaux pouvait obtenir ainsi un parcours d'au moins une heure, à la vitesse moyenne de 4 nœuds, résultat suffisant pour atteindre les navires qui s'approcheraient de nos ports pour les bloquer ou les bombarder.

Comme moyen de destruction, je proposais de placer à l'extrémité d'un long éperon une sorte de torpille, c'est-à-dire un cône creux, à enveloppe métallique, rempli de matières explosives dont l'action aurait été déterminée, soit par le choc contre un bâtiment ennemi, soit par un appareil électrique.

Avant d'accueillir ce projet, le ministre de la marine voulut être éclairé sur la valeur pratique d'une machine à air comprimé fonctionnant à 12 atmosphères. Des expériences furent entreprises dans ce but au Conservatoire des arts et métiers. Leurs résultats, obtenus avec le concours éclairé de M. Tresca, ont été insérés dans le *Mémorial du génie maritime* et présentés à l'Institut par M. le général Morin, qui avait donné avec empressement, pour l'exécution de ces expériences, toutes les facilités offertes par le bel établissement qu'il dirige avec tant d'habileté.

Ces résultats indiquaient la possibilité d'obtenir de la machine à air comprimé, fonctionnant à 12 atmosphères, un rendement au moins égal à celui que supposait mon mémoire, c'est-à-dire un travail effectif sur les pistons supérieur à la moitié du travail théoriquement emmagasiné dans les réservoirs.

En conséquence, ce mémoire et les résultats des expériences du Conservatoire furent communiqués aux ingénieurs des différents ports, dont plusieurs s'occupèrent de rédiger sur ces bases des plans de bateaux sous-marins. Mais pendant que s'élaboraient ces travaux, la guerre avec l'Autriche venait d'éclater. Je briguai l'honneur d'y prendre part, et la confiance du contre-amiral comte Bouët-Willaumez, nommé au commandement de l'escadre *de siège* de l'Adriatique, me désigna au choix de l'Empereur pour le commandement de la frégate à vapeur *le Mogador*, sur laquelle cet officier général devait arborer son pavillon.

Comme son nom l'indiquait, l'escadre de *siège*, composée de batteries cuirassées, remorquées par des frégates à vapeur, et d'une flottille de canonnières, était destinée à l'attaque des fortifications défendant les lagunes de Venise.

J'avais été désigné pour entreprendre, le cas échéant, la destruction des estacades de la passe de Chioggia, sur laquelle devaient se diriger nos premiers efforts.

Ce fut l'occasion d'expériences de mines sous-marines, que j'entrepris avec le concours de deux officiers distingués, MM. de Pritzbuer et Trève, et dont le succès trouva sa récompense dans une citation à l'ordre du jour par M. l'amiral Desfossés, commandant en chef de l'escadre de l'Adriatique.

La paix de Villafranca rendit nos préparatifs inutiles, et *le Mogador* fut employé à l'évacuation de l'Italie.

Elle touchait à son terme, lorsqu'une seconde expédition de Chine ayant été résolue par la France et l'Angleterre, dans le but de réparer l'échec subi par l'amiral Hope devant Takou, je fus appelé à Paris et envoyé à Londres, le 15 octobre 1859, pour remplir auprès de l'Amirauté anglaise une mission relative à cette expédition dont j'ambitionnais les périls.

L'indication de la presqu'île de *Tche-Fou*, dans la province de *Shan-Tong*, pour base d'opérations de l'armée française, de l'embouchure du *Peh-Tang* (1) comme point de débarquement des forces

---

(1) Voir la *Relation de l'expédition française de Chine en* 1860, par M. Pallu (page 7). L'événement a justifié la justesse de ces vues.

alliées; enfin, l'achat de grands paquebots pour transporter en Chine les canonnières démontées, qui y ont rendu de si grands services, tels furent les résultats les plus saillants de ma mission.

Le Duperré armait de nouveau. Dernier de nos vaisseaux à voiles, il était destiné à transporter le complément de notre expédition dans ces mers lointaines de la Chine où aucun de ses pareils n'avait encore porté le pavillon français. Le commandement m'en fut confié, et je quittai Toulon le 8 janvier 1860.

Les principales circonstances de mon voyage intéressant la météorologie et l'hydrographie, ont été relatées dans une notice mise le 6 avril 1863 sous les yeux de l'Académie des sciences par M. Duperrey, et dont les principales conclusions ont trouvé place dans le compte rendu de cette séance.

Malgré de longs retards à la sortie du détroit de Gibraltar et plusieurs relâches au Cap, à Anjer, Singapour, Hong-Kong et Shang-Haï, je rejoignais, au commencement de juillet, à *Tche-Fou*, dans le golfe de *Pe-tche-li*, l'escadre française, commandée par le vice-amiral Charner. Tout se préparait pour un prochain débarquement du corps expéditionnaire; mais avant d'en fixer le lieu, on voulut avoir des renseignements certains sur un point dans le sud de l'embouchure du Peïho, et deux avisos à vapeur, *le Saïgon* et *l'Allonprah*, furent mis sous mes ordres pour exécuter cette reconnaissance.

Le 15 juillet, à la pointe du jour, accompagné du Chef d'état-major de l'armée française, de plusieurs officiers et de quelques hardis gabiers du *Duperré*, je mettais le pied sur le sol ennemi de la Chine, en vue des forts de *Takou*, après une marche de plusieurs heures dans une vase épaisse et parfois profonde.

Le projet de débarquer le corps expéditionnaire sur un point offrant de tels obstacles et privé de tout abri contre la mer du large, était évidemment impraticable. On y renonça, et quelques jours plus tard les forces alliées débarquèrent avec un entier succès dans la rivière du *Peh-Tang*, dont j'avais signalé les avantages dans mes rapports écrits à Londres l'année précédente.

Aussitôt après cette reconnaissance, l'amiral Charner voulut bien me confier le commandement des grandes canonnières de l'expédition, et j'arborai mon guidon sur *la Dragonne*.

Ce n'est pas ici le lieu de refaire l'histoire de l'expédition de Chine en 1860. Peut-être me suis-je déjà trop appesanti sur mes services militaires, et j'ai besoin de me justifier aux yeux de l'Académie d'avoir donné trop de place dans cette notice à des détails étrangers à la science.

Mon but, en parlant ici de mes campagnes, est surtout de lui montrer que j'ai bien quelques droits au titre de navigateur qu'elle a exigé jusqu'ici des marins briguant l'honneur d'être admis dans la section de géographie et de navigation.

J'espère aussi qu'en lui faisant connaître toutes les vicissitudes de mon active carrière, elle sera plus indulgente pour mes travaux scientifiques si fréquemment interrompus par d'impérieux devoirs.

Lorsque après la prise de Pékin et la conclusion de la paix, l'hiver si rigoureux dans ces parages chassa les escadres alliées du golfe de *Pe-tche-Li*, je restai à l'embouchure glacée du *Pei-Ho*, avec une flottille et une garnison occupant les forts de Takou qui devaient répondre en nos mains de la bonne foi du gouvernement impérial de Chine.

Plusieurs reconnaissances par terre et par mer, opérées pendant cette occupation, me permirent de déterminer la position des principaux points de la côte occidentale du golfe et de recueillir sur ces parages d'utiles renseignements dont la publication dans la *Revue maritime et coloniale* a été interrompue par ma campagne actuelle sur l'escadre d'évolution. Je crois avoir le premier pénétré dans l'embouchure du *Ta-Tsing-Ho*, fleuve important de cette province de la Chine, et dont la barre est beaucoup plus profonde et plus facile que celle du *Pei-Ho*.

Enfin, le terme de mon exil arriva en avril 1862. Quelques jours avant de tomber glorieusement sous les balles des *Taë-Ping*, le contre-amiral Protet, dont le pavillon flottait à Shang-Haï, voulut bien me confier la frégate à voiles *la Forte* pour la ramener en France.

Ce retour me permettait de continuer sur le régime des vents, à la surface du globe, les études que j'avais commencées à bord du *Duperré*, et dont le but n'avait été d'abord que de vérifier l'exactitude des indications du célèbre Américain, M. Maury.

M. *Duperrey* a rendu compte en ces termes du premier travail que j'ai publié sur mon double voyage avec *le Duperré* et *la Forte* :

« Dans un mémoire qui fait partie de la *Revue maritime et coloniale* et qui a pour titre : *Renseignements nautiques recueillis à bord du vaisseau* le Duperré *et de la frégate* la Forte, *pendant un voyage en Chine*, l'auteur, M. Bourgois, fait connaître les principaux résultats des observations nombreuses d'hydrographie, de météorologie et de physique du globe auxquelles il s'est livré, d'abord sur le vaisseau *le Duperré*, qu'il fut chargé de conduire en Chine en 1860, puis ensuite sur la frégate *la Forte*, dont il effectua le retour en Europe en 1862.

« Au nombre de ces belles et nombreuses observations, celles qui sont relatives au régime des vents et des courants sont d'un haut intérêt, en ce que, ayant été faites avec une attention soutenue, scrupuleuse et indépendante de toute idée préconçue, elles permettent, en présence des faits irrévocables que l'auteur en déduit, de distinguer quels sont, parmi les divers systèmes plus ou moins hypothétiques proposés jusqu'à ce jour, ceux qui méritent de fixer l'attention, d'avec ceux qui ont le grave inconvénient d'induire en erreur les navigateurs et les physiciens.

« Cet important mémoire que j'ai l'honneur de déposer sur le bureau est terminé par des conclusions dont je demande à l'Académie la permission de citer quelques fragments. »

Venait ensuite un long extrait de ce mémoire que je destinais seulement à servir de préface à un travail plus étendu ayant pour objet la réfutation du système de circulation des vents exposé par Maury dans sa *Géographie physique de la mer*.

Ce qui m'amenait à entreprendre cette tâche, c'était le peu d'accord que j'avais observé entre les faits réels et les hypothèses sur lesquelles ce système est fondé.

Dans le cours de ma navigation, j'avais généralement vu, vers les limites orientales des océans, les vents alizés se former sous mes yeux par la déviation graduelle des vents généraux d'ouest ; aussi je ne pouvais comprendre le succès que la théorie de l'entre-croisement des vents dans des zones de calme, due à l'auteur américain, avait obtenu auprès de la plupart des marins, surtout lorsque les faits si nombreux, compilés avec une louable persévérance par M. Maury lui-même, suffisaient pour renverser sa théorie.

En étudiant ces faits avec soin, j'arrivai à des conclusions fort différentes des siennes. L'Académie, dans sa séance du 27 juillet 1863, a daigné accepter l'hommage du mémoire imprimé qui renferme les résultats de mes recherches et qui a pour titre : *Réfutation du système des vents de M. Maury.*

Elle me permettra sans doute de les rappeler ici en peu de mots.

Si l'on néglige les perturbations accidentelles et locales, celles des moussons, par exemple, que subit le mouvement de l'atmosphère à la surface des océans, pour ne considérer que les caractères généraux de ce mouvement, on reconnaît, dans les régions tempérées et tropicales de chacun des cinq grands océans, l'existence d'un système particulier et complet de circulation atmosphérique, aisément expliqué par deux causes bien connues, la variation des températures moyennes et celle des vitesses de rotation sur les différents parallèles, suivant leur distance au pôle ou à l'équateur.

Ce système est un vaste tourbillon limité, comme l'Océan qu'il occupe, par l'équateur, les régions polaires et les continents. Au centre on trouve fréquemment les calmes et les brises variables qui, avec les calmes produits par l'abri des continents et des grandes îles, ont fait trop facilement admettre par M. Maury l'existence de zones de calmes continues sur toute la surface du globe.

A l'ouest, les courants aériens qui, sous le nom de vents alizés, affluent incessamment vers les mers équatoriales et les côtes orientales des continents, s'échauffent en les atteignant, s'élèvent par l'effet de la dilatation , et décrivent dans les régions supérieures de l'atmosphère, en se dirigeant vers les pôles, la partie occidentale de leur circuit. Refroidis en traversant les zones tempérées, ils redescendent à la surface du globe et y achèvent leur parcours en formant d'abord les vents généraux d'ouest, puis les vents polaires si prononcés à l'est des océans (1), enfin les vents alizés.

Les mêmes causes, aidées à la surface par l'action régulière des vents, agissent sur les eaux de la mer et leur impriment dans chaque océan un mouvement circulatoire pareil, qui se combine aussi avec des mouvements d'ascension et de descente, suivant les variations de

---

(1) Ces vents polaires, qui sont la continuation des vents généraux d'ouest et l'origine des vents alizés, ne sont pas limités aux côtes occidentales des continents. Ils soufflent jusqu'à une certaine distance dans l'intérieur et ils ont une vitesse moyenne bien supérieure à celle des vents alizés. Ils subissent certainement des interruptions momentanées, ainsi que les vents généraux d'ouest et les vents alizés eux-mêmes dans certains parages ; mais ces exceptions n'ôtent pas au phénomène dont il s'agit son caractère de généralité.

la température. Le courant circulaire ainsi formé s'établit à la surface lorsqu'il amène les eaux chaudes des régions équatoriales vers
les pôles, et son existence dans les régions occidentales de tous les
océans est aussi manifeste que celle des courants polaires atmosphé-
riques dans leurs parties orientales.

Les mouvements généraux des mers et des parties de l'atmosphère qui les couvrent sont donc dirigés suivant les mêmes orbites
et soumis aux mêmes lois.

Mon voyage de retour avec la frégate *la Forte* s'était effectué dans
une saison peu favorable.

Avec un faible équipage, éprouvé par les maladies, j'avais eu à
lutter contre le commencement de la mousson de sud-ouest, dans la
mer des passages, que j'avais franchie par la route peu fréquentée du
détroit de Stolz.

Arrivé en juillet dans les parages du cap de Bonne-Espérance, j'y
avais trouvé des temps exceptionnellement mauvais, et pendant un
mois, employé à doubler ce cap, j'avais eu tout le loisir d'étudier les
caractères des coups de vents de ces parages en même temps que la
nature des roulis produits par la grosse mer. Mesurant les durées
moyennes de ceux de *la Forte* dans des circonstances diverses, j'ac-
querrais de nouvelles preuves de la constance des durées de ces roulis, indépendamment de l'état de la mer, soit qu'elle fût à peu près
calme, soit qu'elle formât les lames énormes du *Banc des aiguilles*,
dont la hauteur a été trouvée parfois de 10 à 11 mètres à bord de
la Forte.

La mesure de cette durée moyenne du roulis, que je reconnaissais
dépendre seulement de l'arrimage et de la stabilité du navire, me
servait à corriger les excès de roulis de la frégate par la diminution
des poids situés au plus bas de sa cale.

Enfin, en octobre 1862, j'atteignais sans avaries le port de Cherbourg, et peu après j'étais nommé membre adjoint du Conseil d'amirauté en récompense de mes services pendant la campagne de
Chine.

Ces nouvelles fonctions me permettaient de reprendre mes études
sur la locomotion sous-marine. La construction du *Plongeur* avait
été entreprise, à Rochefort, en mon absence, et sur les données de
mon mémoire de 1858, par M. Brun, ingénieur distingué de ce port,
dont la collaboration et l'amitié m'ont été toujours également pré-

cieuses. Lancé en mai 1863, ce bâtiment sous-marin commença aussitôt ses expériences sous notre direction commune.

J'ai reproduit dans ma première notice un article de la *Revue maritime et coloniale,* qui donne sur ces expériences des détails assez circonstanciés. Je me bornerai donc ici à dire en peu de mots leur but et leurs résultats.

La question de la destruction des navires au moyen d'une torpille, placée au bout de l'éperon, ne devait être abordée qu'après la solution complète du problème de la navigation.

Envisagé dans toute son étendue, ce dernier problème en comprenait plusieurs autres. Il fallait : 1° obtenir de la machine à air un travail et une durée de fonctionnement suffisants ; 2° déterminer à volonté l'immersion ou l'ascension du *Plongeur* ; 3° conserver au bâtiment pendant ces deux opérations une assiette convenable et constante ; 4° enfin le maintenir, au besoin, à une profondeur à peu près uniforme, pendant la marche ou l'arrêt de la machine.

Les trois premières parties de ce problème ont été résolues, non sans grandes difficultés, par de nombreux essais dans les bassins de Rochefort et de la Rochelle, dans la Charente et en mer.

La quatrième seule a défié nos efforts et ceux de M. le sous-ingénieur Lebelin de Dionne, chargé de continuer les expériences après le départ de M. Brun et mon embarquement sur l'escadre d'évolutions.

Cependant, en manœuvrant au moyen de l'air comprimé le piston d'un cylindre régulateur faisant l'office de la vessie natatoire des poissons, on est parvenu, sinon à un complet équilibre, du moins à restreindre entre des limites assez étroites les mouvements d'ascension et de descente du bateau submergé. En outre, M. Lebelin, en se servant de la rotation d'une hélice à axe vertical mue à bras, est parvenu à obtenir, au commencement d'une expérience, l'équilibre complet entre deux eaux, pendant 45 secondes. Mais, dans l'un et l'autre cas, les rentrées d'eau par les joints ont fini par dépasser la faible puissance des appareils qui ont graduellement perdu leur efficacité.

M. Lebelin en a conclu dans son rapport *que l'équilibre du Plongeur au-dessus du fond a été obtenu, que cette question peut être considérée comme résolue théoriquement, mais qu'elle ne l'est point pratiquement.*

J'ajouterai que la solution de cette dernière partie du problème donnerait, à la vérité, des facilités plus grandes pour s'approcher de l'ennemi sans en être aperçu, mais qu'elle ne dispenserait pas *le Plongeur* de remonter à la surface avant de se lancer contre son adversaire pour chercher à le couler par l'explosion de sa torpille.

Si nous n'avons pas réussi à le maintenir longtemps en équilibre après sa submersion complète, nos expériences ont montré du moins la possibilité de mouvoir un pareil bâtiment entre deux eaux, à l'aide seulement d'un petit appendice dépassant légèrement la surface de la mer et servant à diriger la route. Ainsi limité dans son emploi, cet engin n'en serait pas moins efficace.

La guerre d'Amérique en a fourni des preuves irrécusables qu'il convient de rappeler ici. Qu'on lise en effet, dans les relations de cette guerre, le récit de la destruction de la corvette fédérale *Housetonie* par un bateau confédéré à torpille, et l'on reconnaîtra le mode d'attaque que j'indiquai pour *le Plongeur* dans mon mémoire sur la navigation sous-marine, antérieur de plusieurs années ; on aura aussi un exemple des circonstances assez fréquentes qui permettraient à un engin de cette sorte d'aller détruire un bâtiment ennemi au mouillage ou stationnant dans le voisinage d'un de nos ports.

La destruction du bélier confédéré *Albermale* par une chaloupe fédérale, aussi à torpille, est encore un autre exemple du même fait. On ne s'étonnera pas dès lors si le journal anglais *Navy Gazette*, dans un long article sur ce moyen de destruction, écrit à la fin de juin 1863 et reproduit par le *Times*, contient le passage suivant, dont je ne prétends pas d'ailleurs garantir l'entière exactitude :

« Le Sud a maintenant adopté le système du capitaine Bourgois à bord du *Plongeur*, et l'on doit construire, sur les côtes et les rivières des Confédérés, 40 bateaux torpilles qui pourront s'enfoncer sous l'eau en approchant de l'ennemi et qui seront munis (à l'extrémité de leur éperon) d'un cône faisant explosion, non pas au contact, mais au moyen d'un fil électrique. »

La seule conséquence que je veuille tirer de cette citation, c'est que l'idée du *Plongeur*, limitée à la navigation à fleur d'eau, a pris faveur aux États-Unis, où les nécessités d'une guerre acharnée l'ont fait appliquer plusieurs fois avec succès.

D'ailleurs des essais de destruction à l'aide de bateaux torpilles vont bientôt être entrepris dans un de nos grands ports militaires sous la direction de l'amiral distingué qui le commande et qui a déjà attaché son nom à des expériences de torpilles fixes couronnées de succès.

Avant la fin des essais du *Plongeur*, j'avais dû les interrompre
pour prendre part, en septembre 1863, aux travaux d'une commission présidée par le vice-amiral Ch. Penaud, et chargée d'étudier à la
mer, sur une escadre composée en majorité de bâtiments cuirassés
toutes les questions d'architecture navale, de machines, d'installation et d'armement concernant ces nouveaux types. Parmi ces questions, celles des roulis et des hauteurs de batterie avaient une importance toute particulière.

Les hauteurs de batterie, dans la marine française, n'avaient pasuivi la même progression que dans les marines rivales, et le principal motif qui avait empêché de donner aux sabords de nos frégatecuirassées, en particulier, une hauteur suffisante au-dessus de la
mer, était la crainte d'augmenter, par l'élévation des poids les amplitudes de leurs oscillations de roulis.

Heureusement l'escadre d'expérience comprenait deux vaisseaublindés, *Solferino* et *Magenta* construits comme la plupart des frégates d'après les plans de M. Dupuy de Lôme, et qui devaient
leur seconde batterie une plus grande hauteur du centre de gravité
Leurs roulis pouvaient donc être pris pour termes de comparaisoavec ceux des frégates. Les observations recueillies pendant deux mod'une active navigation entre Cherbourg et les Canaries montrèreque, contrairement aux idées qui avaient prévalu jusqu'alors, le
roulis de ces vaisseaux étaient les plus doux, et qu'en général le
amplitudes maxima des oscillations de roulis des bâtiments de l'ecadre étaient d'autant moins étendues, et s'accomplissaient en d'autant plus de temps, que leurs centres de gravité étaient plus élevés. O
acquit ainsi la certitude que l'accroissement des hauteurs de batterne pouvait offrir que des avantages, et l'on s'empressa de tirer pade cette heureuse découverte pour exhausser les ponts des bâtimencuirassés en projet ou en chantier. Un autre fait, qui n'est pas dénd'importance, au point de vue scientifique du moins, fut constaté pedant cette campagne. On trouva, comme je l'avais observé sur *l'Epédilive* et *la Forte*, que, pour un même navire arrimé de la mêm
façon, la durée moyenne des oscillations de roulis était sensiblemeconstante, quels que fussent l'état de la mer, et, par suite, l'amptude de ces oscillations; en un mot, que la distinction généraleme

admise entre le roulis naturel et le roulis de la lame était au moins inutile pour l'étude de la question des roulis, limitée à nos navires et aux lames qu'ils peuvent rencontrer.

A beaucoup de titres les résultats de la campagne des cuirassés, de 1863, prendront donc place dans les annales de l'architecture navale française. Aussi j'espère que l'Académie me permettra de compter parmi les titres les plus sérieux à ses suffrages, ma participation aux travaux de la commission qui a recueilli ces résultats, et qui comptait dans son sein des hommes aussi éminents que MM. Dupuy de Lôme et Labrousse.

Une recherche m'a occupé personnellement, pendant mon retour du cap Saint-Vincent à Cherbourg, sur *le Magenta*, c'était celle de l'axe de rotation des bâtiments durant leurs mouvements de roulis. D'après la théorie enseignée aujourd'hui, cet axe, que le Père Hoste faisait passer par le centre de carène, ne serait autre chose que l'axe de flottaison. Pour déterminer laquelle de ces deux hypothèses est la plus rapprochée de la vérité, j'ai employé la méthode suivante : J'ai pris un pendule composé d'une boule et d'une tige de suspension dont les oscillations de chaque côté de la verticale se mesuraient sur un secteur gradué, et j'ai placé cet appareil à différentes hauteurs successives sur une ligne verticale située vers le milieu du navire et dans son plan longitudinal. A chacune des stations j'ai comparé les angles de roulis accusés simultanément par le pendule et par l'observation directe, faite en notant le point d'une échelle graduée correspondant à l'horizon au moment où l'angle de roulis atteignait son maximum. Il est clair que cette seconde observation était seule exacte, et que la première, influencée par le mouvement du point de suspension du pendule, devait donner des résultats d'autant plus éloignés de ceux de la seconde que ce point de suspension était plus éloigné de l'axe de rotation du bâtiment. Or les différences observées, très-sensibles lorsque le pendule était fixé à la hauteur de la flottaison, l'étaient beaucoup moins lorsqu'il était placé à quelques mètres au-dessous, dans le voisinage du centre de carène. L'hypothèse du Père Hoste est donc la plus voisine de la vérité, et l'axe de rotation des bâtiments dans leurs mouvements de roulis est situé beaucoup plus bas qu'on ne l'admet aujourd'hui (1).

---

(1) Il est clair qu'un bâtiment, dans ses roulis, a, non pas un axe de rotation unique,

Ce point admis, on explique plus facilement pourquoi les bâtiments dont on élève le centre de gravité ont de moindres amplitudes de roulis.

Leur moment d'inertie augmente, en effet, à mesure que le centre de gravité, en s'élevant, s'éloigne de l'axe de rotation ; et si l'on assimile l'effet d'une lame sur un navire à celui d'un projectile qui vient le frapper avec une certaine force vive, on comprend que l'inclinaison résultant de cette transmission de force vive soit en raison inverse du moment d'inertie du bâtiment, et par suite de la distance de son centre de gravité à son axe de rotation.

Je me contente d'indiquer ici ce point de vue nouveau de la théorie du roulis, et je reconnais que, même après les campagnes des escadres cuirassées, commandées par les vice-amiraux Ch. Penaud en 1863, et comte Bouët-Willaumez en 1865, il reste beaucoup à demander encore à l'expérience pour perfectionner cette branche importante de la *Théorie du navire*.

Le comte Bouët-Willaumez avait été nommé au commandement de l'escadre d'évolutions de la Méditerranée le 10 avril 1864, après la mort regrettable de son digne prédécesseur. Cette escadre se composait encore, à une exception près, de vaisseaux à vapeur ; mais sa transformation devait s'opérer graduellement à mesure que les bâtiments qui avaient formé l'escadre cuirassée d'expérience auraient terminé les modifications prescrites à l'issue de la campagne de 1863.

Appelé une seconde fois à remplir sur cette escadre les fonctions de Chef d'état-major, je quittai alors le Conseil d'amirauté pour venir assister, sur *la Ville-de Paris* et *le Solferino*, à l'une des transformations les plus remarquables qu'aient subies la composition de cet escadre et notre matériel naval tout entier. Au commencement de 1865 elle était complète, et l'Empereur, pendant son voyage en Algérie, était escorté par une escadre entière de navires cuirassés, aussi rapide que le yacht impérial qui marchait à leur tête. Quelques mois plus

---

mais une série d'*axes instantanés de rotation,* dont le premier, à l'origine du mouvement, passe par son centre de gravité situé généralement près de la flottaison ; mais à mesure que le mouvement s'accélère et que les forces de résistance et de frottement de l'eau entrent en jeu, cet axe descend de plus en plus bas. L'expérience dont je parle ici m'a fait conclure que la région moyenne de ces axes instantanés de rotation, pendant que le mouvement d'oscillation est très-prononcé, avoisine le centre de carène.

tard, cette même escadre, augmentée d'une division pareille, armée à Cherbourg, se présentait dans les ports de la Grande-Bretagne et y soutenait dignement la comparaison avec l'escadre anglaise.

Si je rappelle ces circonstances bien connues, c'est pour ajouter que sous l'active impulsion de son habile Commandant en chef, et sans rien perdre du caractère militaire qui est son premier mérite, cette escadre a su mettre à profit toutes les circonstances de sa navigation pour faire de nombreuses expériences intéressant l'art naval et pour continuer ainsi celles de la campagne de 1863 dont tous les résultats ont été pleinement confirmés.

Je ne dois pas omettre que, durant cette campagne, a été inaugurée une tactique nouvelle, due à M. le vice-amiral comte Bouët-Willaumez, et qui unit, à un haut degré, la simplicité à la célérité des évolutions. En un mot, l'escadre cuirassée de la Méditerranée a été, depuis sa création, le théâtre de continuelles études sur toutes les questions intéressant l'organisation du matériel et du personnel de la flotte.

En terminant cette notice, je demande pardon à l'Académie de l'avoir si longtemps entretenue de moi-même. Si j'ose me porter comme candidat à l'une des places vacantes dans la section de géographie et de navigation, c'est que, il y a déjà plusieurs années, MM. Arago, Cauchy et Duméril avaient montré ce but à mon ambition. Sans la perte de ces illustres protecteurs, ce serait sous leur patronage que j'aurais placé ma candidature.

Puissent du moins leurs noms plaider ma cause auprès de tous ceux qui ont conservé leur souvenir !

S. BOURGOIS.

Paris, 14 février.

COMMANDEMENTS, CAMPAGNES ET SERVICES.

Lieutenant de vaisseau.	Mission en Angleterre relative à l'application de l'hélice . . .	1846
	Commande *le Pélican* (expérience sur les hélices). . . .	1848-1849-1850
	Membre adjoint du Conseil d'amirauté	1850-1851
	Chef d'état-major intérimaire de l'escadre d'évolutions	1851-1852
Capitaine de frégate.	Mission en Angleterre relative à l'établissement des services transatlantiques	1853
	Second du vaisseau *le Duperré* dans la Baltique (Bomarsund).	1854
	Commande *le Duperré* dans la Méditerranée et la mer Noire.	1855-1856
Capitaine de vaisseau.	Membre du conseil des travaux.	1859
	Commande *le Mogador* dans l'Adriatique (guerre d'Italie). . .	1859
	Mission en Angleterre pour l'expédition de Chine.	1859
	Commande *le Duperré.* — les canonnières. — l'occupation du Peiho. . . . . — la frégate *la Forte.* . . . . (Expédition de Chine.)	1860-1861-1862
	Membre du Conseil d'amirauté. Expériences du *Plongeur.* . . Campagne des cuirassés. . . .	1863-1864
	Chef d'état-major de l'escadre d'évolutions	Depuis le 10 avril 1864

Vingt-six ans de mer.

OUVRAGES OU MÉMOIRES.

345. Recherches théoriques et expérimentales sur les propulseurs hélicoïdes..... 1 vol. avec 2 planches.

349, Mémoire sur les expériences du *Pélican*..... 2 vol. lithogra-
350. phiés faisant partie de la collection du *Mémorial du génie maritime*.

350. Considérations sur l'application de l'hélice à la marine mili-taire..... 1 vol.

353. Rapport sur la navigation commerciale à vapeur de l'Angle-terre, suivi de considérations théoriques et pratiques sur les appareils moteurs..... 1 vol. avec 4 planches.

357. Mémoire sur la résistance de l'eau au mouvement des corps et particulièrement des bâtiments de mer, notions théoriques et fondamentales sur la résistance et formules générales..... 1 vol. avec 3 planches.

359. Expériences sur l'air comprimé.

363. Renseignements nautiques.

363. Réfutation du système des vents de Maury..... 1 vol. avec 3 planches.

364. Description de la côte occidentale du golfe de Pe-tche-li.

Paris.— Imprimé par E. Thunot et Cⁱᵉ, rue Racine, 26.